スマナサーラ長老の
悩みをなくす7つの玉手箱
5

幸せを呼ぶ呪文

国書刊行会

幸せを呼ぶ呪文【目　次】

イラスト・装幀：佐藤広基・佐藤桃子（REALIZE）

幸せを呼ぶ呪文

幸せになる教えが暗い教えだと叩《たた》かれている

お釈迦《しゃか》さまの教えをたった一言でいうならば、それは「幸福」「幸せ」ということです。

私たちがまちがいなく「幸福」になる道、豊かで幸せで楽しく平和に生きる道、それがお釈迦さまの教えです。

それなのに、ほかの宗教の人たちは仏教にたいして、

「あなたがたの教えていることは悪いこと、暗いことばかりだ。人生は苦しいとか、生きることはたいへんだとか、それぱかり言っている。

私たちの宗教では、そんなことは言わない。人生はたいへんすばらし

い、と教える。だから私たちは、あなたがたよりずいぶん発展、繁栄しているのだ」

と言います。

私の国（スリランカ）は二千三百年ものあいだ、お釈迦さまの教えを守りつづけてきた仏教国です。

仏教が暗い教えだと思っている人たちは、

「あなたたちの国は、仏教のせいで発展していない。仏教が国の

発展を阻害《そがい》している」とまで言ったりします。
実際のところはどうでしょうか？
世界の歴史を見ると、欧米の列強の国ぐには船を造り、大砲や鉄砲を造って、ほかの国ぐににさあっと行って、人を殺したりして、その国を盗《と》って植民地にしました。
そして、その国の財産を全部、自分の国に持って帰ったのです。

これは、明らかに強盗です。小さな強盗ではなくて、大きなスケールの強盗です。

人の財産、地球の財産を残酷《ざんこく》に奪って、物質的にすごく豊かになって、そして仏教にも文句を言うのです。

「あなたがたは、仏教を信じているから貧乏なのだ」

こんな話を聞くと、私たち仏教ではこう反論します。

「あらゆる人殺しの道具を造って、人の国を勝手に奪ったり、他人の財産を盗んだりして、まあ、物質的には豊かになっているでしょう。

仏教では、強盗を禁止しています。自分の持っている財産で、なんとか間に合わせて生きていなさい、という教えです。隣の家の財産まで奪うなよ、という教えです」

仏教は、自然の恵みさえも濫用《らんよう》しない教えなのです。

それで、仏教の人びとが貧しくて苦しいかというと、そんなことはまったくありません。

十万人でも百万人でも楽に生活できるぐらいの自然の財産を独り占めにして生活しているかたがたの立場から見れば、物質的には貧しく見えるかもしれませんが、みんな楽しく穏《おだ》やかに暮らしているのです。

よその国の財産や人の命までも奪って豊かになっている人びとのほうが、ほんとうは朝から晩まで怯《おび》えて生活しています。

「奪ったから奪われるかもしれない」

「人を殺したから殺されるかもしれない」

と不安になって、怯えて、安心できないのです。

セキュリティー、防衛に天文学的な数字で財産を浪費しているにもかかわらず、毎日、怯えて生きている。

でも、仏教を信じている人びとは、なにものにも怯えることなく、穏やかに生きているのです。

せいぜい今日一日の命

お釈迦さまは、「奪ってでも、人を殺してでも、金持ちになりなさい」などとはおっしゃいません。

そうではなく、お釈迦さまは人生について、ズバリほんとうのことをおっしゃいます。「人生はせいぜい、六十年とか八十年とか、そんなものでしょう」と。

われわれの寿命は、数えられる程度の短いものです。六十年とか八十年とか、あるいはもっと短い人生で終わってしまうこともあります。あっという間です。

「だから、いい加減落ち着いて、平和で穏やかに、楽しく生活してみなさいよ」ということなのです。

われわれの命は短い。そのうえ、いつ死ぬかもわかりません。「人生八十年」とか「いまは長寿社会で九十歳まで生きていられるぞ」と言っても、この私が何歳まで生きられるか、それはわからないのです。「人生九十年」と言うのはいいのですが、自分が九十歳までいられるかどうか、四十歳あたりでくたびれてしまうかどうかは、だれにもわからないのです。

元気で百歳まで生きていきたいという気持ちはあっても、そのとおりになるかどうかはわかりません。人の希望となんの関係もなく突然亡くなってしまうということは、よくあることです。

とても悲しい事件がありました。

父親の友だちが小さな男の子二人を誘拐《ゆうかい》して、そのうえ殺してしまったのです。だれの子どもでも、子どもというものは、とてもかわいい。それなのに、突然、殺されてしまったのです。

その子ども二人は、元気で立派な大人になってやるぞと思っていたでしょうし、親もそういう気持ちでいたことは確かでしょう。しかし、信頼していた友人に誘拐されて殺される。

大人同士のことなら、腹が立ってけんかして、つい殺しあいになったといっても、一応、理解はできます。けっして正しいやりかたではありませんけれど。「ああ、あの二人はおたがいにぜんぜん折れないんだから。けんかするとエスカレートして、とうとうあんなことになったのだ」と理解ぐらいはできます。

でも、大人がなんの抵抗もできない小さな子どもを殺すのは、どんな気分なのでしょうか？　どのような怒り憎しみが現われたら、そんな残酷な犯罪ができるのというでしょうか？　それは理解できないのです。しかも、その殺人を犯したその人も、子をもつ親でした。

人間というものは、それほど信頼できないのです。長生きしたくても、毎日顔を合わせている知人に殺される可能性もあるのです。

他人に殺されることは稀《まれ》かもしれませんが、自分ひとりがいつ死ぬかわからない。「私は元気だ、元気だ」と言っていても、なにかの病気にかかる可能性はあります。なにか事故を起こす可能性はあります。

ですから、一番確かでしっかりした生き方は、

「まあ、今日一日生きていられれば、せいぜい今日だけ生きていられれば、いいんじゃないかなあ」

という生き方なのです。

無常の観察が穏やかに生きる秘訣《ひけつ》

「今日一日だけでも幸せに生きられれば十分ではないか」と言うと、すぐ「暗い」と言う人がいます。

「なぜあなたは、そんな夢も希望もないことを言うのだ。人生は八十年、九十年ではないか」

と反論する。なにごともなく九十歳を越えて確実に生きていられるはずだ、と思っている人びとの意見です。意見といっても、理性にもとづいた意見ではなく、たんなる願望をあらわす感想です。

しかし、「八十年生きるぞ、百年生きるぞ」と考える人は、すごく悪いことばかりするはめになる。性格はどんどん歪《ゆが》んでいきます。おまけにものすごいケチで、なににでも激しく執着する。

だって、八十年も食べていかなければいけないのだから、物もお金も貯《た》めて貯めて置いておかなければいけないでしょう。小さな損が起きても、イヤな気分になる。人がちょっとした失敗をしても、けっして許さない。ずーっとその恨《うら》みをもっている。けんかをする。そして、わがままで、傲慢《ごうまん》。なかなかいい人間にはならないのです。

このような性格になると、自分自身も苦しいし、他人にも嫌われるし、親しい人びとからも親切にされないのです。楽しみのひとかけらもない人生を、それでも八十年以上もつづけたいと思っている。

反対に、「せいぜい一日だけ生きていられればいい」と思う人は、怒りも苦しみもなく、すごく穏やかです。

「たった今日一日だけだから、落ち着いていましょう、仲良くしましょう」という理念で生きている。人がなにか欲しいと言ったら、「どうぞ、持っていってください」と言う。人がなにか「助けてください、協力してください」と言ったら、「いいですよ」と、気軽に協力してあげる。

多少、身体の痛みや苦しみがあっても、「まあ、どうってことない、一日だけだから」ということで、こころはとても穏やかになる。肉体の苦しみにけっしてめげない、こころの幸福がある。罪は犯さない。花が咲いているように生きていられます。

そういうことですから、「人間は、いつ死ぬかわからない。今日死ぬかもしれない」というふうに、無常《むじょう》を観察して生きると、それはすばらしいことなのです。それは、事実をありのままに観《み》ることです。自分をごまかすことも、騙《だま》すこともありません。

無常を観察して生きると、こころが穏やかになるだけでなく、頭もほんとうによくなります。ものごとを冷静に判断できる理性的な人間になります。失敗もしません。病気になっても、たちまち治ります。不幸なできごとが起きても、暗くはなりません。

「平均寿命が延びた。人生は八十年、九十年だぞ」と言うときには、けっこう長い人生だと自慢げに言っているみたいです。お釈迦さまの時代よりもずーっと延びたと思っているかもしれません。

しかし、お釈迦さまが「命はなんの前兆もなく消えてしまう。生きているあいだも、惨《みじ》めに生きているのだ」と説かれたのは、人の寿命が百歳かそれ以上だとする立場からなのです。短い寿命のことをさしておっしゃったのではないのです。

だから、じわじわと平均寿命が長くなっていったとしても、お釈迦さまの語られた事実からは、けっして逃れられるわけではないのです。

第一、百年も待たなくても、あらゆる不幸なできごとは、いっぱい起こります。親戚《しんせき》が亡くなったり、家族がバラバラになったり、自分が独りぼっちになったりということが、いくらでもあります。

長いあいだ、みんなでいっしょに生活しても、自分が苦労して愛情いっぱいで育てた若い世代は、どんどん独立して出て行ってしまいます。そのときは、とても寂《さび》しくなります。

また、親戚や伴侶《はんりょ》があの世に逝《い》ってしまって、自分だけ独りぼっちで残ってしまう。そうなると、生活はものすごく辛《つら》いのです。

お腹が空いてもご飯をつくる気にならないし、あっちこっち家が汚れていくんですけど、「まあ、私だけだから、もういいや」ということで、掃除洗濯する気にもならなくなってしまう。それで、人生がどんどん暗くなるのです。

でも、無常を観察して生きている人は、そうはなりません。なにがあろうと、すぐに、たちまち立ち直る。だれかが亡くなっても、「まあ無常だから、そんなのはあたりまえだ。私もべつに、ずーっといるわけではないのだ」と知って、穏やかでいるのです。

だれでも、毎日歳《とし》を取っていって死を迎える。長生きできるという保証は、まったくありません。いまから、どんな瞬間にでも、死んでしまう可能性だけは確実なものです。一日を生き延びたとしても、死を避けたことにはなりません。死のみが、唯一確実なものです。

だから、「今日一日、まあ、明るく楽しく、穏やかでいるしかないのだ」と、明晰《めいせき》に理解して生きる。

そのように一日だけ生きている人にとっては、一日中怒りっぱなしでいることになると、すごくもったいないことをやっているような気がします。

「たった一日の命なのに、なんで怒りっぱなしで過ごさなくてはいけないのでしょうか？」

一日中けんかすることになってしまうと、あまりにももったいない大損の人生ですね。ですから、その一日だけの命を、怒らないで、けんかしないで、楽しくするのです。

一日だけ楽しくいる人は、一日一日を楽しく過ごすのですから、一生楽しい。亡くなるころには、こころが立派に成長していて、徳もいっぱい積んでいます。ですから、亡くなるそのときも、亡くなったあとも、とても幸せになります。

だれの命も財産も奪う権利はない

そういうわけで、簡単に壊れてしまう短い命だからこそ、平和で安穏《あんのん》で思いやりのある、慈《いつく》しみと智慧《ちえ》に導かれる生き方をすることを、お釈迦さまは教えていらっしゃるのです。

「人の財産まで奪いなさい」とか、「隣の国まで奪いなさい」とか、「強盗しなさい」とか、「自分の欲を満たすためには、人を拷問《ごうもん》してもなにをしてもかまわない」とか、「嘘《うそ》、ごまかし、詐欺《さぎ》、脅《おど》しなどをやってでも裕福になりなさい。なんとしてでも世界の長者番付に入ること、それこそ生きる目的だ」などというような、とんでもない恐ろしい教えではありません。

そうではなく、お釈迦さまは、

「どんな人も、どんな生命も、みんなに生きる権利があります。すべての生命が幸せに生きていたいのです」

とおっしゃいます。

生きる権利は、すべての生命に平等にあるのです。だれにも、ほかの人、ほかの生命を殺す権利はないのです。ほかの人の財産を強奪する権利はないのです。他人を差別する、搾取《さくしゅ》する権利はないのです。すべての生命を非難、侮辱《ぶじょく》してはならない、害を与えてはならない、与えられてないものを奪ってはならない、殺してはならない——これがお釈迦さまのお考えです。

試しに、「私もそのような人間になってみようか」と挑戦してみてください。すると、たちまち自分の人生が好転しはじめるのです。

「生命には、幸せに生きる権利が、みんな平等にある」という真実を守って、われわれがおたがいに助けあっていたならば、この地球はすごくすばらしいところになっていたはずです。

ところが、助けあうどころか、

「盗《と》りたいほうだい盗ってやりなさい。奪いたいほうだい奪いなさい。あなたには武器があるのだから、権力も軍事力もあるのだから、やっつけなさい。それこそ勇気だ。それこそ英雄だ。それこそ正義だ。私たちは負けません」

などと言って、爆弾を落として人を殺したりする。

また、神のご意志だと盲信して、人をたくさん道連れにして自爆行為をする。

そういうことをしているので、世界がたいへん苦しい状況になっているのです。強者の残酷な生き方のせいで、弱者の生きる権利さえもなくなっているのです。

この世で起きている不幸、貧困、不安、怯え、飢《う》え、戦争などは、お釈迦さまのせいではありません。

まったく逆で、世の中がお釈迦さまのことばを聞いて、

「すべては無常で、いつ死ぬかわからないのだから、今日一日を穏やかに、平和に暮らそう」

という気持ちで日々を生きていれば、争い、戦争はなくなってしまうのです。貧困も飢餓《きが》もなくなります。

天才的な能力をもっていると自称する経済学者が一人もいなくても、この世はたちまち幸福に、豊かに、平和になるのです。

日本では、食べものがあり余っているので、生きる苦しみに少々鈍感のようです。

ほかの国ぐにでは、飢えのために子どもたちがたくさん死んでいます。骨と皮だけになって。子どもを産んでも、お母さんも骨と皮だけで、おっぱいもあげられませんので、子どもは赤ちゃんのままで死んでしまう。

（開発途上国とよばれる国ぐにでは、一年間に千百万人の子どもたちが五歳を迎える前に命を失っています。これは一日に約三万人、三秒に一人という割合です。しかも、命を失う原因の多くが、風邪がひどくなって起こる肺炎や、下痢《げり》がつづいて起こる脱水症状など、予防したり、治したりできるものなのです。――UNICEF《ユニセフ》情報）

そういうふうになっている原因は、仏教の立場から見ると、だれかが

おっ！これは最高級のしもふりだな
ハンバーグがよかったのに〜

食物や財産をよけいに奪っているからなのです。

お釈迦さまの話を聞くと、世の中がすごく豊かになります。ひとりひとりでも、お釈迦さまの話を聞くと、その人はこころがものすごく豊かになります。

ですから、やはりお釈迦さまのことば、話を、いっぱい聞いて、こころをしっかりさせたほうがいいと思います。

自然界の二つの顔

昨年は台風の当たり年でした。では、今年は台風が来るのかどうか、いつ来るのか、どれだけ来るのか、と聞いても、それはわかりません。地球は地球の好き勝手にするのですから。

すごく強烈な台風が来ると聞くと、人は心配します。台風で人が亡くなったり、家が壊れたり、木が倒れたりすると、すごく落ち込んだり、悩んだりします。

でもほんとうは、家が壊れても、それほどたいへんなことではありません。「家が壊れた」と言って精神的に悩むことが、ほんとうにたいへんなことなのです。

　家はどうにかして直せますし、壊れたら前よりもっとよい家を造れるかもしれません。でも、こころの場合は、なかなか立ち直らないのです。終わった不幸なできごとを、くりかえし思い出したりして、悩んだり、苦しんだり、精神障害にかかったりもする。それが問題なのです。

　台風というと、われわれはすぐ怖がりますが、考えてみれば、私たちを生かしているものも、結局は同じものです。ただの風、ただの空気、それにただの水です。台風といっても空気なのです。

　人間は、空気なしには生きていられません。この世界で、生命がおなかに宿った瞬間から、われわれはずーっと空気を吸っていて、そのお陰で生きているのです。四、五分でも空気を吸わないでいると、それで命が終わります。一、二分ぐらいなら、身体の中に空気がいっぱいたまっていますから、それで酸素を摂《と》りますが、これが四、五分ぐらいつづくと、身体の中にたまっている酸素も切れてしまって、たちまち身体が壊れていきます。

ですから、われわれはいつも死にかけている。死と隣合わせにいる。それをずーっと助けて命を維持してくれるものは、風、空気なのです。ずーっと命を助けてくれているありがたい風でも、ちょっと乱れると、人が死んでしまう。私たちの命を支えてくれるこの風が、ちょっと変わってしまうと命を取る。自然界にあるこの二つの面を、よく理解しておく必要があります。

風に怖い側面もあるからといって、「風の神様、けっして台風にならないように。竜巻にならないように」といくらお祈りしても、風には効きません。台風も竜巻も自然法則で、そのときそのとき出てきます。

では、われわれが住んでいるこの地球はどうでしょうか？

われわれはなんということもなく生きていますが、それは地球のお陰です。畑を作ったり、家を造ったりできるのは、地球があるお陰なのです。「どこかへ出かけようかなあ」と思って行ったら、着いたところも地球です。飛行機で行くとしても、地球の力で行くのです。

だから、地球がなければ、なにひとつもできません。われわれは、地球に大事に守られています。地球が命を支えてくれているのです。この身体だって、地球が貸してくれている物質です。

でも、ちょっと足でも滑《すべ》らせてしまうと、その地球の上に頭がぶつかって死んでしまうのです。歩くとき、ちょっと足が滑ったとする。それでずるずると落ちて、頭をなにかにゴンとぶつけでもしたら、もうそれで終わりです。

ちょっとしたことで、ちょっと失敗しただけで、死んでしまったり、大怪我《おおけが》をしたりするのです。雪崩《なだれ》、地すべり、陥没《かんぼつ》、地震などで命を奪われることもあります。

ですから地球にも、われわれに命を与えて守ってくれる側面も、ちょっとのことで命を奪う側面もあるのです。

火はどうでしょうか？

冬になると寒くていられませんから、暖房やストーブをつけます。家を建てる場合は、太陽の光が当たるようにと、いろいろ工夫して設計します。火はとてもありがたいものです。

身体の中にも熱があります。それも火なのです。生きている人間を冷凍庫に放り込むと、死ぬまでにそんなに時間はかかりません。身体が外から冷えて凍っていって、まもなく死んでしまいます。南極でも北極でも、人がさまざまな用事に出かけるときには、身体の熱が逃げないようにと気をつけたり工夫したりしないと、直ちに死にます。

だから、見える炎がないだけで、私たちの身体の中でも火が焚《た》かれているのです。

考えてみてください。私たちの身体は一定の三十六度ぐらいの熱でいるのです。もし体重と同じ重さの水でも持ってきて、それをわれわれが人工的に、身体と同じ一定の温度で一年間ぐらい保とうとすると、どれぐらいエネルギーが必要でしょうか？　電気代、またはガス代はどれぐらいになるのでしょうか？　かなりかかりますよ。それだけ分の火が、身体の中で一生、焚かれているのです。私たちは、それで生きているのです。

それだけではありません。火がなければ、おいしいご飯も食べられません。米なんかは生でかじっても、ぜんぜんおいしくありませんし、カボチャを生でぱくぱくと食べても、そんなにおいしいものではありません。

生で食べられるものは、それほどたくさんはありません。大根などは生で食べられますけど、毎日、おなかいっぱい大根を生で食べましょうというのでは、考えただけでもちょっと気持ち悪くなってしまいます。生野菜も食べますが、やはりお醤油《しょうゆ》やドレッシングをかけたりして、食べやすくするためにいろいろと工夫をします。

しかしありがたいことに、火を通してもらえば何杯でも食べられます。生ではぜんぜんおいしくない米が、火を通してもらえば、まあおいしいこと。なんのことなく軽々と、おなかいっぱい食べられます。

われわれが食べるものは、サラダ以外はほとんど火を通すことでおいしく食べられるのです。そういうふうに、火は私たちの命を維持し、助けてくれています。

しかし、火の使い方をちょっとまちがえれば、どうでしょうか？　お茶を飲もうとお湯を沸《わ》かして、そのお湯がちょっと身体に触れると、もうやけどしてしまいます。ちょっと火を消し忘れると、家が丸ごと焼けてしまうのです。火の使い方を少しでも誤ると、とても恐ろしい結果になるのです。

水はどうでしょうか？

水のせいでも人は死んでしまいます。でも、私たちの身体のほとんどは水でできているのです。水がないと命はありません。

考えてみれば、われわれの命を助けてくれるものは、丁寧《ていねい》に扱わないと、たいへん危ないものでもある、ということがわかります。命を支え

て維持してくれる地・水・火・風が、ひとつまちがえば命を奪うのです。

ものに恵まれているからといって、安心はできません。いつ死ぬかわからない。自然界は表と裏の二つの側面をもっているのです。表だったらいいのだけれど、裏が出たとたん、命がない。殺される。それが自然です。これもまた、お釈迦さまが教えてくれる、ありのままの事実なのです。

「ありのままの事実が仏教の教えです」と言うと、もしかすると違和感をもつかたもおられるかもしれません。

宗教の話でみんなが聞きたがるのは、神様の話、創造の話、奇跡の話、天国の話、極楽の話などです。しかし、子どもが昔話を聞いて喜ぶのはよいことですが、大人が人生についてお伽噺《とぎばなし》で納得すると、なんの成長も幸せも得られません。

こころを育て真の幸せを得るためには、理性で合理的に世界を観察して、だれにでも発見できるはずの具体的な事実を理解する必要があるのです。

まずは、この世の中のなんでもかんでも、すべて裏と表をもっているのだ、と理解しておきましょう。幸せになります。

「幸せ」を与えてくれるものが「幸せ」を奪う？

もうちょっと進んで人生を考えてみましょう。私たちは「家族がいてありがたい」「家族がいてなんて幸せでしょう」と思っていますね。でも、それはひとつの側面だけなのです。ちょっとまちがうと、これも命取りになります。

十九歳の男の子を逮捕した、というニュースを聞きました。その子は父親を殺して、家に火をつけて、逃げてしまったのです。

十九歳の男の子といえば、親から見ればまだまだ子どもで、でも身体も逞《たくま》しくなって、親にとっては見ていてとても楽しい年ごろです。「自分の息子は身体も大きくなって、大人になって元気だ」と、とても幸せを感じていたことでしょう。

それなのに、ちょっとしたことばのすれ違いで、ほんのちょっとのことで、親を殺してしまったりするのです。悲しいことです。

父親というものは、「わが子だ」と愛着をもって子どものことを完全に信頼して守っています。その子どもにだれかがなにかしようとすると、たとえ自分の身体が弱くても、父親は行ってけんかでもなんでもして、ぼろぼろになってでも子どもを守るのです。

自分の命に引き換えてでも守ってあげたいと思って育てあげたその子どもが、ほんのちょっとまちがうと親を殺す。家族といっても、危険な存在ではないでしょうか？

「わが子、わが子」「なんてかわいい」と親ばかになって楽しがっていても、家族関係は単純ではないのです。たいへん危険な側面もそなえているのです。

夫婦の仲も同じことです。結婚して、ずいぶん夫婦仲がいい、寂しくないと言っていても、どこかでちょっとまちがうと、悲しい結果になります。

奥さんがだんなさんを殺すケースもいくらでもあるし、だんなさんに奥さんが殺されるケースもいくらでもあります。ときどき、おばあさんがおじいさんを殺してしまったという話もありますね。

もっとひどいケースがありました。おばあさんが孫を殺してしまって、「なぜ殺したのか」というと、お嫁さんが気に入らなかったという話なのです。

お嫁さんを追い出したいが、孫はかわいい。孫は自分のところに置いておいて、お嫁さんには出ていってもらいたいと言っても、これは成り立たない話です。

それで、孫がいつでも自分のほうに来るようにと、ありとあらゆるずる賢い策略をする。でも、お菓子をあげても、おもちゃを買ってあげても、いくらいろんなものをあげても、子どもはそれで喜びはしますが、母親より他人のことが好きになるはずはないのです（母は嫌いという稀なケースもありますが）。

哺乳類《ほにゅうるい》にあるこの本能を、このおばあさんはわかってないのです。本能だから、子どもはおばあさんと遊んでいても、母親が来ると、ちょこちょことそちらに走って行ってしまいます。母親のほうは、お菓子をあげたり甘やかしたりということは、いつでもするわけではない。叱《しか》ったり怒鳴《どな》ったりもする。でも、子どもはそれを気にしないのです。母親が好きなのです。それで、孫がおばあさんより母親になつくことに腹を立てて、孫を殺してしまったのです。

おばあさんが孫を殺すなどということは、どう考えても信じられるものではありません。大の男が七、八歳の子どもを殺すということも、考えられないことです。しかし、われわれの世界はそんなものです。ちょっとまちがうと、どうなるかわからないのです。

それから、お金があったらありがたいと、私たちは思っています。お金がたくさんあったら幸せだと。これで命がなくなってしまいます。お金があるのはありがたいのだけれど、ちょっとまちがうと、もうどうなるかわからない。やはり、とても危険なのです。

気をつけて生きる

この世の中のすべては、なんでもそんなものです。ちょっとしたことで裏切られます。このことを覚えておくことは必要です。

なんとなく自信満々で生きているのではなく、よく注意して生きていましょう。気をつけて生きていましょう。

お釈迦さまは、この「気をつける」ということがすごく大事ですよ、とおっしゃいました。

車の運転をするとき、握るのはハンドルですね。ハンドルをきちっとコントロールすることは、最も大事なことです。

車にはほかにも、踏むもの、引くもの、押すもの、回すものなど、いろいろいっぱいありますけど、どれよりも大事なものは、手で握っているハンドルです。

人生のハンドルは「気をつけること」です。それを休むことはできません。

寝るときも、起きるときも、掃除洗濯をするときも、外へ出るときも、いつでも気をつけないといけません。

ハンドルを逆に回してしまったら事故になるように、気をつけていないと簡単に死んでしまいます。死ぬ可能性は、いつでもあります。ですから、ずーっと気をつける。

これは、すごく大事な教えなのです。「気をつける」ということを守ると、ほんとうに幸せに生きていられます。

守りきることはできない

では、どう気をつければいいでしょう？　そして、どこまで気をつければいいのでしょうか？

どんな親も、自分の子どもが、もしかすると将来、自分を殺すかもしれないとは思わないし、思いたくもないでしょう。子どもを見ながら「もしかすると、大きくなったらこいつに殺されるかもしれない」と思っていては、子育てなんかできるわけありません。

親は「子どもが危険な人物にならないように」と気をつける気持ちにはなりませんが、「子どもに危険がないように」と気をつけるのです。わが子を育てるときでさえも、ある側面には気をつけますが、別な側面に気をつけることはできないのです。

その他の仕事の場合でも同じことで、ひとつに気をつけると、別なものに気をつけることはできなくなる。「気をつけなければ、たいへん危険だ」と言っても、すべての危険を回避することは、結局はできるものではありません。

結婚披露宴のときに、新婦さんが新郎の顔を見て、「もしかすると将来、この人に殺されるかもしれない。じゃあ、これから気をつけよう」とは思わないのです。「とても優しい人だ」と信じ込んで、一生を共にする約束をする瞬間ですから。結婚式のときは、「この人となら一生、いっしょにいることができる」という気持ちでいるのです。

「結婚できてよかった。幸せだ」と思っているときに、なにに気をつければよいのでしょうか？　朝寝坊しないぐらいは気をつけるかもしれませんが。

結局は、どこまで気をつければよいのでしょうか？　なんでもかんでも、すべてに気をつけてはいられないのです。

仕事をして、ありがたいことにお金がけっこう入ったとしましょう。「大金が入って幸せだ。でも、銀行に入れる前に強盗に入られて殺されるかもしれない」と心配したり、気をつけたりすると、逆に不安で生きていられません。

「夏は暑いし、海水浴でもして遊びましょう」と遊びに行くでしょう。しかし、海の裏の側面も考えて、「やはり波が来て流されちゃうと死にますから」と心配すると、もう海にも入れないし遊べなくなってしまいます。

だから、「気をつけなさい」と言っても、そんなにできることではないのです。

みなさまがたは、ほんとうによく危険に注意しながら生きているのです。しかし、万全ではありません。だから、結局は事故で死ぬということが起こってしまいます。

大学生なんかは山に登ろうと思うと、冬が終わるその時期に登るんですね。山は雪がいっぱいですけど、空気は暖かい。それで、「いまが一番いい」と思って山登りをする。冬は寒さが厳しいので、登山しないのです。それで事故が起こるのです。雪崩《なだれ》に遭《あ》って亡くなる若者もいる。そういう人びとも、一応、気をつけてはいるのです。それでも、つい失敗する。

だから、「気をつけなさい」と言っても、完全に気をつけることは、ちょっとできないのです。

だからまあ、もし台風で家が壊れて頭の上に落ちてきて、ひどいめに遭うことになっても、「まあ、しょうがないや」というふうに思うしかないのです。「完璧に守りきれるわけはないでしょう」と思って。

水にだれかが流されてしまって、ぜんぜん助けてあげることができなかった。でも、「ああ、しょうがない」と、あきらめるしかないのです。

このようにあきらめることは、人間にとって容易《たやす》いことではありません。でも、ほかに方法はないのです。

子どもと川で遊ぼうとして行ったとします。遊んでいるとき、ちょっと目を離した隙《すき》に、子どもが溺《おぼ》れる可能性があります。それで、その親は「自分の不注意で子どもが亡くなった」と一生泣くのです。

そんなことを言っても、親だって、不注意でいることはしょっちゅうあるのです。家の中でも、ずーっと二十四時間、子どもを見張っていることはできないでしょう。つい、あっちを見てこっちを見ているあいだに、子どもがなにかやってしまう可能性はあります。家の中でも、両親がテレビを見ているあいだでも、子どもがなにかの事故を起こして怪我《けが》をしたり、命を危険にさらしたりすることはありえます。だから、守りきれません。

ですから、どうしようもなかったときには、あきらめること、それを受けとめることが、生きているうえで必要な智慧《ちえ》なのです。

感情におぼれやすい人、理性が乏しい人、無知な人、執着が激しい人にはできないことかもしれませんが、お釈迦さまは、感情を制御《せいぎょ》できる、理性がある、智慧のある、執着がない人間になることを薦《すす》めておられます。

われわれは結局、自分にも他人を守ることはできないし、他人にも自分を守ることはできないのです。

医師が「あなたの病気はどんなものでも言ってください。すぐ治してあげますよ」と言ったとしたら、それは冗談でしょう。なんでも治るということは、どうせありえませんから。

そのように、この世の中は守られていない。「守り」ということはないのです。危険といっしょに生活するしかない。だから、まあ、あきらめて、適当に気をつけて生きていきましょう。

完璧には気をつけることはできません。守りきれなくて、だれかが不幸にあっても、精神的にはすぐに立ち直る。そういう生き方が、正しい気のつけ方です。

正しい気づき

ついでに、正しい気づき方を覚えておきましょう。

将来に起こるだろうと推測できる危険にたいして、真剣に気をつけると、たいへんなことになってしまいます。推測できる危険は無数、無限にあるのですから。こころは心配だけでいっぱいになって、身動きできなくなります。

また、過去に起きた失敗にたいしても、あまり足を引っ張られないようにしなくてはいけません。精神障害になります。過去の失敗を思い起こしては悩むと、なにもできなくなってしまいます。

たとえば、溺《おぼ》れかけた経験がある人は、それに怯《おび》えて一生水に入らなくなる、泳げなくなる。子どものころ、犬に吠《ほ》えられて怯えた人は、生涯犬を嫌いになるなどです。

これでは、自分の人生の幅を狭《せば》めてしまいます。過去の失敗は「経験」です。それで、よりよい経験者になれば十分なのです。

正しい気づき方とは、いまの瞬間、自分がやっていることに気づくことです。いま行なっていることを失敗しないようにすることです。自分で管理できる範囲のことに気づくことです。自分に責任がある範囲で気づくことです。

たとえば、台風が来るとします。自分の家も台風に真っ向から当たる位置にあるとします。窓ガラスが割れないようになど、自分にできる範囲のことで補助作業をしても、強烈な風で屋根が丸ごと吹き飛ばされて

つなみの
可能性が…
トッ
トッ
あっ
おお
木は
残ったな

しまう可能性はあります。自分の力ではどうにもならない。

しかし、家族と自分の命ぐらいは、なんとか守ることができると思います。

それに気づけばよいのです。家屋のことを忘れる。それが、失敗しない、悔しくならない生き方なのです。

真の敵はだれ？

地・水・火・風は、われわれの命です。肉体は地水火風です。地水火風に支えられて生きています。それでも、地や水や火や風は、たまに人を殺す。たまにではありません。人を、生命を生かすのも殺すのも、地水火風です。

ですが、自然が人に牙《きば》を剝《む》き命を奪うのは「たまに」です。

地球もたまに火山が爆発したりしますが、ほんとに「たまに」です。毎日は噴火しません。浅間山《あさまやま》が「ちょっとがんばりましょう」と思って噴火しても、それも「たまに」です。だいたいは、避難する時間もあります。絶大な不幸とはいえません。

田畑なんかは、もっとおとなしいのです。水をあげて、肥料もちょっとあげて、種を蒔《ま》けば、私たちをけっこう幸せにしてくれます。水がぜんぜんなかったりしたら、田んぼが「しょうがない。今回はかんべんしてください」ということもありますが、裏切ることはそれほどないのです。木なんか植えたら、だいたいは実るでしょう。実らないで、倒れて迷惑をかける場合もありますが、それはたまたまで、けっこう大丈夫です。

自然災害の場合は、逃げ切れるケースが多いのではないかと思います。逃げ切れないことも、当然ありますけど。

人間は、自然の偉大な、けっして乗り越えられない力を乗り越えようとしていますが、これは無知で高慢ではないでしょうか。地水火風のひとかけらである人間に、地水火風そのものにたいして攻撃、挑戦はできないのです。

私を殺す、なみなみならぬ不幸に導く、ほんとうの危険は、別にあるのです。

火よりも水よりも怖い、台風・竜巻よりももっと恐ろしい鬼がいるのです。私を絶対幸せにしてやらないぞと思ってがんばっている、敵がひとりいるのです。私をひとかけらも幸せにしてくれない、不幸にだけしてやるぞとがんばっている敵。

確実に気をつけて、確実に注意して、その敵からは自分を守らなくてはならないのです。なぜなら、この敵は水とは違う。水なら、飲むことで助けてくれる。料理にもお風呂にも水は必要ですし、水自体がわれわれを幸せにしてくれる。

でも、この敵は違います。まちがっても私たちを幸せにはしてくれません。ただ不幸にするだけ。

その敵とは、だれでしょうか？

それは、自分自身なのです。ほかのだれでもありません。ほかのなにものよりも自分を敵に回すものは、自分自身なのです。だから、一番気をつけなくてはならないのは、じつは自分にたいしてなのです。「自分の仇敵《きゅうてき》は自分自身である」これは事実です。

これが、お釈迦さまが発見された真理の一つなのです。しっかりと覚えておけば、最上の幸福の扉が開きます。

ほかはそこそこに、適当に気をつけていればいいのです。一番怖いのは自分。自分自身が自分の敵になっている。

だからなのです、だれひとりとして幸せな人がいないのは。ひとりもいません、万々歳に幸せな人、完璧に幸せで穏やかな人は。
それは、不幸のほんとうの原因を発見して、理解してないからです。

独りぼっちでは生きられない

「私は幸せですよ」と言う人が、なかにはいるかもしれません。しかし、それは周りが幸せにしてあげているのです。友達がいっぱいいて、話す相手がいっぱいいて、助けてくれる人びとがいっぱいいると、なんとなく幸せな気分になります。お金があって、家族がいると、なんとなく幸せな気分になるのです。

しかし、それは自分自身でなっているわけではないのです。自分独りになると、とたんにその幸せな気分は消えてしまいます。恐ろしくなって、不幸のどん底に落ち込んで、自殺してしまうのです。

試しに、独りぼっちになってみてください。まあ、二、三日も、もたないと思います。まったくなにもないところで、電話もかけられない、テレビもラジオもない、なんのコンタクトもできない、だれともしゃべることができない状態で、独りぼっちになってみてください。それは究極の苦しみです。

とすると、私を不幸にする敵はだれでしょう？　やはり、私自身なのです。

ひとつの例を考えてみましょう。刑務所がありますね。刑務所の中はけんかをしたり、人を殺そうとした人ばかり集めているところですから、きびしく管理しないと無法状態になってしまいます。

囚人のなかでも、管理できないほど人を殴《なぐ》ったり、怪我をさせたり、殺そうとしたりすると、刑務所の中にもうひとつ刑務所みたいなところがあって、そこへ入れます。独房ですね。なんのことはない、ただ独りでいるだけの部屋なのですけれど、それが、入れられた人にはたいへん苦しい。

窓もない、なにもない。下からちょっと食べものを中に入れられるだけのことで、独りでじいっとしているしかないのです。そういうところに入れられる連中は、いくら殴っても、鎖《くさり》で縛って拷問《ごうもん》したり、骨を折ったりしても、ぜんぜん気にはしない。体力もあるし、苦しみには耐えられます。そういった強健な連中をほんとに苦しめようとするならば、独房に入れることが一番効くのです。ほかにはなにもする必要はないのです。ちゃんとご飯と水ぐらいはあげます。

ちょっと聞いただけでは、その人は楽じゃないかと思えます。ご飯は来るし、飲みものも来るし、寝たいときは寝られるし、起きていたけれ

独りぼっちでは生きられない

ば起きていられるし、仕事はしなくていいいし、歩きたければその部屋の中でぐるぐる歩けばいいし、走りたければぐるぐる走ればいい。逆立ちしたければ逆立ちしてもいいのです。楽そうに見えます。

ところが、ぜんぜん楽ではないのです。真《ま》反対です。極端に苦しむのです。もうイライラして、気が狂いそうになるのです。でも刑務所だから、自殺もできません。

この世の中で、われわれは独りぼっちになると、たちまち自殺してしまいます。ぜんぜんなんの躊躇《ためらい》もなく、自分を捨ててしまうのです。独りでいることほど苦しくて怖いことは、人間にはないのです。どうしてなのかわかりませんが、だれかとしゃべらないといられないのが人間なのです。

いまの日本では、ひとりで生活する人はけっこういますけど、それは

「独り」ではないのです。テレビがあります。電話があります。窓を開《あ》けたら、車の音とかいろんな音がいっぱい聞こえます。本も読めます。仕事もあります。「ああ、みんなといっしょにいるのだ」という錯覚でいるのです。

だから、ひとりで生活する人びとは、ずーっとテレビを見ています。それで世界と対話しているような気分になるのです。そういったものを取り上げてみてください。人生はもう終わり。まあ、一日ぐらいは我慢できるかもしれませんが、二日目にはもう、なにか毒でも飲んで自殺してしまうのです。

ごまかしの幸せ

ということは、われわれの一番の敵はだれでしょうか？　やはり、自分自身なのです。

話し相手がだれもいなくて、ほかのだれにもなんの迷惑もかけられていないとき、完全に自分独りになったとき、私たちはかならず自分を不幸にするのです。ひどいときは、自分を殺してしまうのです。

「いま幸せ」と私たちが言うのは、みんなが幸せにしてくれているからなのです。

家に戻るのが楽しくてたまらないというのは、家の人たちが自分を喜ばせてくれて、楽しくしてくれているからです。

だから、おたがいにあいさつしたり、感謝したり、あらゆるドラマをやって、幸せな人間関係を大事に保とうとしているのです。

子どもが「ありがとうございます」と言ったりすると、ずいぶん気分がいいのです。

お母さんが子どもにご飯をつくって食べさせたところで、

「ごちそうさまでした。おいしかった」

と言うと、その一言で、お母さんは幸せです。そのお母さんの幸せ気分は、子どものその一言でつくられたのです。

けれども、そのお母さんにしても、自分自身が独りぼっちになった場合は、きわめて危険な敵なのです。ちょっとしたことで、自分を殺すのです。

私たちは、そういうごまかしの生き方というか、誤解した生き方をしているのです。
「自分で元気で生きているのだぞ。だれの世話にもなってないぞ」と思っていても、結局のところ、そうではありません。
周りの人びとが必死で喜ばせてくれる、機嫌を取ってくれる、そのお陰で、われわれはちょっとばかりニコニコして生きているのです。独りで生きている人はいない

のです。
あるいは、花を作ったり、植物を植えたり、庭の手入れをしたり、玄関をきれいにしたり、いろんなことをして、外側から「いい気分をつくろう、いい気分をつくろう」と、毎日がんばっていますす。花や庭に幸せ気分をつくってもらっています。
ところが、それがちょっとできなくなった、うまくいかなかったということになると、もう自己破壊に走るのです。

だから、自分の大敵は結局、自分自身なのです。台風ではありません。火山でもありません。

台風が来ることは、いまは前もってわかっていて、逃げることもできます。

でも、自分からはどうやって逃げられるでしょうか？　逃げても逃げても自分だから、逃げる場所もないのです。

幸せの秘訣《ひけつ》は、よい環境をつくることでもなく、よい人間関係を築くことでもなく、財産などの「もの」に身を隠すことでもなく、「自分自身」という仇敵《きゅうてき》に勝つことなのです。

自分が自分を敵に回す

仏教の本格的な内容になってきますと、自分がいかに自分の敵か、その敵をどうやって倒すのか、という話になります。そこはもう、「仏教入門」や「仏教お試し」ではありません。仏教実践の真髄なのです。ほんとうに自分の敵は自分か、なぜ自分を敵に回すのか、と勉強してみると、おもしろいと思います。

さて、ほんとうに自分の敵は自分なのでしょうか？

敵なのです。たとえば「仕事で失敗した」という場合、自分がばかなことを考えて、ばかなことをやったために失敗したのです。

あるいは「商売がうまくいかなかったのは、他人にお金を持って行かれたからだ」という場合も、結局はその人に持って行かせてしまったのは自分なのです。帳簿とか会計などは自分で管理やチェックをしなくてはならないものですが、ときどき怠《なま》けて他人に任せてしまいます。「じゃ、君に任せるから全部やっておいてください」と。それでその人はもう監督もしないのですから、隙《すき》だらけの会計です。それで、自分の財産を全部持って行かれてしまうのです。

社会でなにが起きても、最初の原因は自分の考え方なのです。自分自身の怠けが、想像できないほど危険なのです。大会社を築くことができても、あとから怠けが入ると倒産するのです。幸せな家庭も、自分の考え方から壊れるのです。知識人、研究者は、誤った意見を発表して失格になってしまうのです。医師さえも怠けが入ったら、失敗して免許まで失うのです。

それから、憎《にく》しみ、嫉妬《しっと》というものがあります。

私たちは平気で人を恨《うら》んだり憎んだりしますが、「人を憎めば憎むほど、自分がやけどしている」ということがわかっていないのです。これは、あまりにもばかばかしい生き方です。憎むことで自分の精神、自分の徳が、すべて蝕《むしば》まれていくということがわからないのです。身体も蝕まれていきます。

ですから、他人を憎んでいると、先に死ぬのは自分のほうなのです。嫉妬すると、すごく醜《みにく》くなるのも自分のほうなのです。相手ではありません。

人は平気で嘘《うそ》をつきます。「うまく騙《だま》してやった」という優越の気持ちになります。

でも、じつは騙していないのです。自分自身が完璧に騙されているのです。嘘を言う人は、それ以降、もう幸せに生きていられなくなります。嘘は、かならず明らかになるという恐れがあります。嘘を言った人は、それから一生、ばれる不安を抱くのです。

嘘をつく人を人が信頼しなくなるのは当然ですが、嘘をつく人自身も、「人を信頼できない」というこころの病にかかります。だって、自分も平気で嘘をつくのですから、他人も自分を騙すのは当然だと考えるのです。それで、人生はたいへん辛《つら》いものになり、生きていられなくなります。

このように、自分が自分を壊していくのです。自分が自分を敵に回しているのです。

敵の親分は自分がつくる「妄想」

自分の中にある敵軍のなかで、最も怖い最高司令官はなんでしょうか？

それは、頭にある「妄想《もうそう》」です。朝から晩まで、寝るときまで、ごちゃごちゃ、ごちゃごちゃ、いろんな妄想をしています。妄想には、ひとかけらもいいことはないのです。たまには冗談にでも、よいことを妄想すればいいのに、それはぜんぜんしません。妄想といえば、全部悪いことばかりです。しかも、寝るまで絶えずやっているのです。いいえ、違います。寝てからも夢の中でも妄想するのです。

妄想は、私たちの精神力を奪います。妄想することで、精神力も体力も、どんどん、ものすごい勢いで浪費していきます。だから、私たちには力がない。疲れている。

新聞を読もうとしても、「もう疲れた、もう寝たい」と眠くなる。「本でも読もうかなあ」と思っても、「はあ、もう疲れた」という感じでなにもできない。疲れ果てています。朝六時にも疲れ果てているし、七時半にも疲れ果てています。九時十時になっても、疲れ果てています。午後三時にも疲れていて、寝るときにも疲れています。

そして、朝起きるときにも疲れているのです。だいたいそうではありませんか？　朝目覚めると、疲れているのではないでしょうか？

これはどうしてでしょうか？　それは、自分が絶えず妄想しているからなのです。妄想ばかりしていて休めないのです。だから疲れて、人生

妄想
妄想
妄想
妄想
妄想
妄想

が楽しくないのです。妄想で力を使い果たしているのです。

だれかにちょっと怒らされたとしましょう。瞬間のできごとで、たちまち忘れてしまえばよいことなのに、それからそれを絶えずこころの中で思い返し、蒸《む》し返し回す。回しては、自分がまた腹を立てて苦しむのです。

よく虐待《ぎゃくたい》や拷問などの話を聞きますが、それは他人が自分にやるイヤな、残酷《ざんこく》なことです。自分で自分を虐待したり拷問したりするのは、これはあまりにもばかばかしいのではありませんか？　たとえば、「白状しなさい」と自分で自分の足を棒で殴《なぐ》って骨を折ったりすることは、だれもしません。

でも、私たちは妄想することで、自分で自分をいじめっぱなしなのです。自分で自分を虐待しているのです。自分で自分を拷問しているのです。二十四時間、休みなく不幸工場が稼働しているのです。

ですから、自分で自分をいじめることがいかに愚かな行為か、と気づいてほしいのです。信じられないほどばかばかしい行為なのです。でもやっています、みんな。

だから、この「妄想」ということ、ごちゃごちゃ、ごちゃごちゃ考えること、これが恐ろしい敵です。

妄想で考えれば考えるほど、自分の幸せが消えて、ものすごく不幸になってしまいます。一生、疲れて生活するのです。疲れて、疲れて、ストレスが溜《た》まって、溜まって、もうどうにもならない状態。それが「妄想」の結果なのです。

外の敵は、そんなに怖くはありません。水は、そんなに怖くはありません。火も風も、そんなに怖くはありません。大丈夫です。安心できます。世界はたまに自分の邪魔をすることがあっても、ほとんど邪魔をしません。家族もそれほど怖くはないのです。大丈夫です。子どもに殺されるのは一万人にひとりぐらい、十万人にひとりぐらい、もしかすると百万人にひとりぐらいです。だから大丈夫です。

しかし、自分はどうですか？　一分たりとも、一秒たりとも、一瞬たりとも、自分を攻撃していないときはないのです。だから、自己管理が最高に幸せな道なのです。

「自分に勝った人は、すべてのものに勝つ」とお釈迦さまがおっしゃっているのは、このことです。

「妄想」に打ち勝つ方法

そういうわけですから、自分を破壊するこの「妄想」をやめてほしいのです。妄想をやめる方法は二つです。制御する方法と、完全に断つ方法です。ここでは、私たちにいますぐ必要な、妄想を制御する方法をご紹介します。（完全に断つ方法は「ヴィパッサナー」と呼ばれる冥想法で、別の本などで詳しく紹介しています。）

制御する方法は、とても簡単です。それは頭の中に、自己破壊的な、役に立たない、どうでもいい妄想が浮かんできたら、すぐに「**生きとし生けるものが幸せでありますように**」と、この呪文《じゅもん》を唱えることです。

論理的でない、日常生活になんの役にも立たない、時間の浪費になる、よけいなどうでもいい考え、妄想が浮かんだら、すぐさま「生きとし生けるものが幸せでありますように。生きとし生けるものが幸せでありますように」と念じるのです。

それぞれ自分の好みのことばで言ってもいいのです。「みんな幸せでありますように」「幸福でありますように」「世界が幸せでありますように」「みんなに幸福が訪れますように」「みんなに平和と安らぎがありますように」のように……。

これは、こころの法則を発見なさったお釈迦さまの推薦《すいせん》する治療方法です。不幸に、苦しみに、あらゆる悩みにズバリ効果があります。これを実践すれば、あらゆる問題が直ちに治っていくこと、解決していくことが体験できるのです。

生きとし
生けるものが
幸せで
ありますように

すごく疲れ果てているときでも、やってみてください。疲れがさっと取れるのです。

たとえば、頭の中にいっぱい問題があって寝つけないことがありますね。頭の中はもう燃えています。山火事状態。それでは寝られるわけがないのです。

そこで、考えていることをすぐさま遮断《しゃだん》する。遮断して「生きとし生けるものが幸せでありますように。生きとし生けるものが幸せでありますように」と回転させる。ひとりでいるならば、声に出しても、歌ってもいいのです。手で拍子《ひょうし》を取りながらでも。

そうして幸せを願うこころが生まれて、初めて「なんて幸せでしょう」と感じるのです。周りから組み立てられた楽しみではありません。周りから喜ばせてもらった幸せではなく、自家発生の幸せなのです。自分でつくった幸せだから、問題がありません。いくらでも幸せになります。外から輸入したものでなく、自給自足のものだから、なんの問題も起こらないのです。

自分で幸せをつくる、その第一歩は、頭にごちゃごちゃ、ごちゃごちゃ、妄想という敵がはたらきだしたとたん、「生きとし生けるものが幸せでありますように」と、こころに入れて、こころをそれだけでいっぱいにすることです。

幸せになる呪文《じゅもん》

仏教の世界では、そういう呪文はたくさんあります。

呪文といっても、いわゆる世間で言う呪文ではないのです。怪《あや》しげなものではありません。自分の妄想が仇敵だから、その敵を追い出す方法なのです。

私はパーリ語のことばしか知りませんけど、いろいろあります。

たとえば、次のような仏《ぶっ》・法《ぽう》・僧《そう》という三つの宝に帰依《きえ》する「三帰《さんき》依《え》」のことばがあります。

Buddhaṃ saraṇaṃ gacchāmi.（仏に帰依します。）

ブッダン　サラナン　ガッチャーミ

Dhammaṃ saraṇaṃ gacchāmi.（法に帰依します。）

ダンマン　サラナン　ガッチャーミ

Saṅghaṃ saraṇaṃ gacchāmi.（僧に帰依します。）

サンガン　サラナン　ガッチャーミ

これは、いろんな節《ふし》で唱えられます。だからみんな、歌ったり、頭で念じたりして楽しむのです。

仏法僧の念を頭の中に留めると、あらゆる悩みや問題が消えてしまうのです。顔にはまた、忘れかけた笑顔が戻って、なにごともうまくいきます。

一番恐ろしい敵は、だれでもない、自分自身です。これをよくよく覚えて、この仇敵にはかならず気をつけなくてはいけません。なぜなら、自分という敵は一瞬も休むことなく、絶えず自分を破壊しようとしているのですから。

私たちは、周りのお陰で、やっと自殺しないでいるのです。自殺はできない。知人はいるし、約束もあるし。私が明日やらなければいけないことがあるし、あさっても、しあさっても、やることはあるのです。また、仕事もあるのです。自殺するわけにはいきません。けっこう忙しいのです。

この忙しいということは、ほかでもない人間関係なのです。人間関係があるからこそ、言い換えれば、みんなのお陰で、なんとか生きているだけです。仕事もなにもなくなって、独りぼっちになったとたん、もう終わり。猛烈に苦しい。仇敵がフル回転する。

だから、自分という敵からは、かならず自己を守らなくてはいけません。で、その方法をひとつ紹介しました。

「生きとし生けるものが幸せでありますように。生きとし生けるものが幸せでありますように」

と、ただこころの中で回転させる。

それだけのことで、なんのことなく人生が幸せになっていきます。病気も治ります。よく寝られます。朝起きると、ほんとに疲れが取れています。なにもかも、うまくいきます。

考え始めるとまた疲れてきますから、そのときまた、この呪文を回す。自分を守るお守りを回す。

そういうことで、がんばって幸せに、清らかなこころで生きて、この世でも、次の世でも、最高の幸せを得る勝利者になりますようにと期待して、話を終了させていただきます。ありがとうございました。

生きとし生ける

あとがき

呪文というものには不思議な魅力があります。

中学生ぐらいの女の子は、雑誌に書いてあった恋愛成就のおまじないを密かに、けっこうまじめに試してみたりします。成功率が何パーセントかはデータがありませんけれど。

それはともかく、だれでも、自分の力ではどうしようもなくなったときに「すがるものがあればありがたいなあ」という気持ちはあるし、そういう呪文があると聞けば、覚えておこうという気持ちになるのではないでしょうか。お経を覚える人にも、そういう気持ちがはたらいているかもしれません。

呪文は効《き》くのでしょうか？

肝試しのとき、怖がりさんが「おばあちゃんが教えてくれたなんとかを唱えてみたら、怖いのが消えた」と言うならば、効いたということでしょう。呪文がまわりのお化けを消し去ってくれた、というよりは、唱えることで自分のこころが奮い立ってくれたのです。

呪文は、なによりもまず、自分のこころに効かなくてはなりません。自分は唱えるだけで、あとは自分と関係ないところで、自動的に、まったく不可思議な効果が現われて、自分を守ってくれる、ということを呪文に期待しても、それこそ非科学的と言うしかありません。

ここに、非科学的ではなく、論理的に、具体的に、効果抜群の呪文があります。なぜそう言えるのかというと、真実・真理を語ったことばだからなのです。真実・真理に則ったことばだから、私たちのこころを修復・修正し、まわりの状況をも変えてしまうパワーがあるのです。でも、効果が自分の期待以上だったら、私たちはやはり「不可思議」と感じてしまうかもしれません。

さて、私たちの人生の中では日々いろいろなことが起こり、呪文が必要な場面がどうしてもやってきます。いざこざ、対立、ストレス、嫉妬、イライラなどは身のまわりにあふれています。

ニュースを見ていると無差別殺人の報道も増えました。その人の動機を調べると、「イライラして、腹が立って、だれでもいいから殺したいと思った」と言うのです。そんな「動機」を発表してどうなるのだろうか、という疑問もあります。事件を防ぐために、その人がイライラしないように、まわりがなんとかしなければならないのでしょうか？　それは、やりきれることではありません。そうではなく、本人にとって最悪の結果の種は「だれでもいいから殺したい」と思ったことなのです。

他人事《ひとごと》ではありません。私たちも毎日、いろいろな失敗をしています。イライラしてミスをする。腹を立ててどなり散らす。八つ当たりをする。不安で病気になる。嫉妬にかられて意地悪する。気に入らないからといじめる。

私たちは感情の奴隷《どれい》なのです。感情が起こってしまったら、もうそれに従うしかありません。「感情が起こったんだからしょうがない」と思っています。

殺人をしてしまった人も、殺すときには、こうするしかないと感情が命令して、それに従って行動したのでしょう。でも、結果は最悪なのです。

「私がそう感じるんだから、そう思うんだから、しかたがないじゃない」という生き方では、幸せにはなれないのです。感情の奴隷になってて殺人をするべきでしょうか？　不安が起こったら、うろたえるべきでしょうか？　イライラしたら、だれかをどなりつけるべきでしょうか？　気に入らない奴なら、いじめるべきでしょうか？　焦《あせ》ったら失敗するべきでしょうか？

感情が不幸の種だと知っている人は、感情が湧き起こっても感情の奴隷にはならないのです。自分の感情に負けてしまわないために、呪文を唱えるのです。呪文を唱えて、自分の感情から解放されるのです。

そのときには、ぜひとも呪文の力が必要です。効果は抜群です。こころの安らぎを取り戻せるプラスの結果にまでいたらなかったとしても、少なくともマイナスのなにかをやってしまうはずが、ゼロですんだら、それだけでもすごいことです。

スマナサーラ長老の「妄想」ということばには、いま述べたような大きな感情から、こころの中の微細なものまで含まれています。「妄想」根絶をめざし、感情そのもののコントロールに挑戦するかたは、ヴィパッサナー冥想へと進まれることをおすすめします。

さて、ピンチのときに唱える呪文ですが、ピンチのときにさっと取り出せるためには、やはり日頃から慣れ親しむことが必要です。暇さえあれば、という生き方が呪文の上級使い手です。

呪文の代表格は「生きとし生けるものが幸せでありますように」という慈悲のことばです。あらゆることに効果抜群です。

それから「三帰依《さんきえ》」の文句。お釈迦さまを敬愛し、教えの恩恵に深く感謝する者にとっては、これだけで元気が出るのです。

本書で呪文として紹介されているのはこの二つですが、呪文は自分のこころにしっくりくることばでよいのです。

この本の中には、じつは他にもいろいろな呪文が隠れています。「せいぜい今日一日の命」の項（13頁〜）を忘れないように「今日一日を平和で幸せに」と唱えてもよいでしょうし、「すべては無常」と唱えることで無常の視点を忘れないようにすることもできます。「生命は平等」も呪文になります。

みなさまは、いくつ呪文が見つけられるでしょうか？

みなさまの呪文が幸せの扉を開くパスワードになりますように。

この本は、山口県下松市・誓教寺の二〇〇四年秋彼岸会法要におけるスマナサーラ長老の説法です。寺報「つきなみ」に載せたこの法話は、二〇〇五年五月に(宗)日本テーラワーダ仏教教会より施本『幸せになる呪文』にしていただき、法施として配られました。

このたび、国書刊行会の畑中様のご尽力により、このように楽しいイラストをまじえた美しい本にしていただき、多くのみなさまにお目見えする機会をいただきました。畑中様をはじめ国書刊行会のみなさま、REALIZEの佐藤広基様、桃子様ご夫妻に感謝いたします。

生きとし生けるものが幸せでありますように

誓教寺坊守　藤本　竜子

アルボムッレ・スマナサーラ (Ven. Alubomulle Sumanasara)
1945年、スリランカ生まれ。13歳で出家得度。国立ケラニヤ大学で教鞭をとったのち、1980年に招聘されて来日。
現在、日本テーラワーダ仏教協会の長老として、冥想指導・説法・経典勉強会・講演会・著書の執筆など多方面にわたる仏教活動をおこなう。
2005年、大寺派日本大サンガ主管長老に就任。
著書 『希望のしくみ』(養老孟司との共著、宝島社)
『無常の見方』『怒らないこと』『心は病気』(サンガ)
『死後はどうなるの?』(国書刊行会)
『ブッダ—大人になる道』(筑摩書房) など多数。
連絡 東京都渋谷区幡ヶ谷1-23-9 〒151-0072
(宗)日本テーラワーダ仏教協会

藤本　竜子 (ふじもと　りゅうこ)
1960年、京都市生まれ。関西学院大学文学部教育学科卒業。大谷大学大学院仏教学専攻修士課程修了。現在、浄土真宗誓教寺坊守。

幸《しあわ》せを呼《よ》ぶ呪文《じゅもん》　スマナサーラ長老の悩みをなくす7つの玉手箱⑤

ISBN978-4-336-05080-9

平成21年2月18日　初版第1刷発行

著　者　A・スマナサーラ
発行者　佐　藤　今　朝　夫

〒174-0056 東京都板橋区志村1-13-15
発行所　株式会社　国　書　刊　行　会
電話 03(5970)7421　FAX 03(5970)7427
E-mail: info@kokusho.co.jp　URL: http://www.kokusho.co.jp

落丁本・乱丁本はお取替えいたします。　印刷　㈱シーフォース　製本　村上製本所

スマナサーラ長老の

好評既刊

死後はどうなるの？

「死はすべての終わり」ではない。人生を正しく理解するために、初期仏教の立場から「輪廻転生」を、臨死体験や生まれ変わりの研究などを批判的にみながら、はっきり説き明かす。

四六判・上製カバー　250頁　本体1895円＋税

＊

人に愛されるひと 敬遠されるひと

より良い人生を送るためのヒント集。他人との関係で苦労しないためにはどのように生きるべきなのかを、釈尊の智慧からやさしく導き出す。

四六判・上製カバー　234頁　本体1800円＋税

＊

わたしたち不満族 満たされないのはなぜ？

多くの人びとは、なんらかの不満を抱えているが、それが満たされることはほとんどない。人間そのものを「不満族」と捉え、不満が生きる原動力となっていると喝破。

四六判・上製カバー　114頁（２色刷）　本体1400円＋税

＊

苦しみを乗り越える 悲しみが癒される 怒り苛立ちが消える法話選

日常の具体的な例を挙げて、こころの持ち方、生き方を明快に説く。すべて前向きな実践的処世術を、１話２頁平均の法話108で構成。日々の活力が湧き、人生に喜びを感じる法話選。

Ａ５判・上製カバー　240頁　本体2800円＋税